Norbert Lohfink

DIE MESSIANISCHE ALTERNATIVE

NORBERT LOHFINK

DIE MESSIANISCHE ALTERNATIVE

Adventsreden

Herder
Freiburg · Basel · Wien

ZWEITE AUFLAGE

Imprimi potest. – Coloniae, 17 ianuarii 1981
Rolf-Dietrich Pfahl S. J., Praep. Prov. Germ. Sept.
Imprimatur. – Limburg, den 9. Februar 1981
Der Generalvikar: Gottfried Perne
Herstellung: Freiburger Graphische Betriebe 1981
ISBN 3-451-19438-4

FÜR LUDWIG WEIMER

Vorwort

Die Not unserer Gesellschaft schreit nach Alternativen. Gibt es da eine Antwort der Christen? Als Christen müßten wir davon ausgehen, daß wir in der Eucharistie, die wir feiern, und in den Texten, die dort verlesen werden, eher eine Weisung und die Kraft neuen Anfangs finden können als in den vielen Botschaften, die auf dem Markt oder aus den überall sprossenden Subkulturen ertönen. Allerdings sind die alten Texte mit Schleiern verhängt – den Lese- und Verstehensgewohnheiten, die eine längst angepaßte Christenheit zur eigenen Beruhigung geschaffen hat. Können wir uns von ihnen befreien?

Dieser Frage stellen sich die vorliegenden Adventspredigten. Sie wurden 1980 in den Studentengottesdiensten in Sankt Ludwig in München gehalten. Für den Druck habe ich sie nur leicht überarbeitet.

Ausgangspunkt der Predigten waren die liturgischen Lesungen des Lesejahres A aus dem

Buch Jesaja. Zweimal habe ich auch die Evangelientexte des Sonntags einbezogen. Meine Übersetzung der Texte folgt teilweise der Einheitsübersetzung, teilweise ist sie neu aus dem Urtext erarbeitet. Wo die Auslegung auf das textliche Umfeld der Lesungen ausgreift, biete ich etwas längere Texte als das Lektionar. Doch habe ich dann in den überschießenden Teilen einiges gestrafft.

Jesaja lebte im 8. Jahrhundert vor Christus. Das geradezu Unglaubliche besteht darin, daß seine Texte von uns und unserer Sache sprechen.

Frankfurt am Main, den 6. Januar 1981

Norbert Lohfink SJ

Inhalt

I

Alternative Gesellschaft
und gesellschaftlicher Wandel

Der höchste der Berge

Das ist das Wort, das Jesaja, der Sohn des Amoz, über Juda und Jerusalem in einer Vision gehört hat:

In kommenden Tagen wird es eintreten:
Fest gegründet steht
der Berg mit dem Haus Jahwes.
Der höchste der Berge –
er überragt alle Hügel.

Zu ihm strömen alle Völker,
die vielen Nationen machen sich auf den Weg.
Sie sagen:
Kommt, wir ziehen hinauf zum Berg Jahwes,
zum Haus des Gottes Jakobs.
Er zeige uns seine Wege,
auf seinen Pfaden wollen wir gehen.

Denn vom Zion aus wird eine Gesellschaftsordnung proklamiert,
und zwar als Wort Jahwes aus Jerusalem.

Er schlichtet den Streit der Völker,
er ist der Schiedsrichter der vielen Nationen.
Sie schmieden ihre Schwerter in Pflugscharen um,
ihre Lanzen zu Winzermessern.
Nie mehr wird Volk gegen Volk ein Schwert erheben,
man bildet niemanden mehr aus für den Krieg.

So kommt jetzt, ihr vom Haus Jakob:
Laßt uns beginnen, im Licht Jahwes unseren Weg zu gehen. (Jes 2, 1–5)

Die gesellschaftliche Dimension der messianischen Erwartung

Messianische Erwartung verbindet sich für die Christen mit der Weihnachtsbotschaft. Diese verstehen wir fast automatisch in einer gefilterten Gestalt. Unser Ohr hört nur noch das, was das bürgerlich-individualistische Sieb passiert hat.

Daher ist Weihnachten der Tag, an dem ein Individuum geboren wurde: Jesus von Nazaret. Entsprechend verstehen wir die alttestamentliche Messiaserwartung. Das Volk Israel wartete auf einen Einzelnen, den Heilbringer, den Messias. Wenn wir als Christen noch den Mut haben, an Kommendes zu glauben, dann warten wir auf die Wiederkunft Christi. Auch hier geht die Hoffnung auf einen Einzelnen.

Ursprünglich war das alles nicht so gemeint.

Israel wartete auf eine neue Gesellschaft, das „Gottesreich“. Die Erwartungsfigur des Messias erhielt ihren Sinn erst dadurch, daß er derjenige sein sollte, der das Gottesreich heraufführt. Als Jesus von Nazaret durch Galiläa wanderte, hat er keine Botschaft über den Messias verkündet. Seine Botschaft lautete: „Das Gottesreich ist nah!" Wenn es eine christliche Hoffnung gibt, dann die, daß an die Stelle der korrupten Gesellschaften dieser Erde endlich die Gottesherrschaft treten wird. Sie kommt, wenn Jesus wiederkommt. Wenn sie kommt, kommt Jesus wieder.

Jesus, das Individuum, ist die zentrale Figur unserer Erwartung. Daran ist nicht zu deuteln. Dennoch geht die messianische Erwartung auf Umfassenderes, auf eine von Gott her entstehende neue Gesellschaft.

Auch das Wort „Menschensohn", das Jesus vor allem gebraucht zu haben scheint, wenn er von der bevorstehenden Wende sprach, die er ansagte, meint ursprünglich diese neue Gesellschaft. Nur in ihr verwies es dann, als auf ihr Zentrum, auf eine Einzelgestalt.

Denn es stammt aus einer Vision im Buch Daniel. Da sieht der Visionär aus dem Meer, dem Symbol des gesellschaftlichen Chaos, nacheinander vier Raubtiere emporsteigen: einen Löwen, einen Bären, einen Panther, schließlich eine undefinierbare Bestie von grausamer Blutgier. Das sind die vier nacheinander die Welt beherrschenden Machtsysteme des damaligen geschichtlichen Horizonts: das babylonische Reich, das Mederreich, das Perserreich und das Reich Alexanders des Großen samt seiner Nachfolgegebilde. Alle diese menschlichen Gesellschaften werden in der Vision vom Feuer vernichtet. Dann erscheint ein neues Symbolwesen. Es steigt nicht mehr aus dem Meer herauf, sondern kommt auf den Wolken des Himmels. Es repräsentiert die neue Gesellschaft, die an die Stelle dieser untermenschlich-bestialischen Gesellschaften treten soll. Es ist „einer wie ein Menschensohn". Menschensohn – das meint also eine Gesellschaft, die endlich human ist. Es ist das Gottesreich. Wo Gott sich durchsetzt, wird das Menschliche freigesetzt.

In späteren apokalyptischen Schriften, die sich ans Danielbuch anlehnen, kann dann auch derjenige, der das Gottesreich heraufführen wird, als der Menschensohn bezeichnet werden. Aber auch dann ist immer beides zu hören, der Initiator und die von ihm initiierte Gesellschaft.

Nur wenn wir immer beides hören, gewinnen wir auch Zugang zu den liturgischen Texten der Advents- und Weihnachtszeit. Viele von ihnen erwähnen nur am Rande oder gar nicht den Messias selbst, sie kreisen ganz um die von diesem heraufgeführte neue Gesellschaft.

Was man eigentlich unter „christlicher Gesellschaftslehre" verstehen müßte

Wenn wir messianische Erwartung als Erwartung einer neuen Gesellschaft verstehen, könnten wir in diesem Zusammenhang geradezu von einer „christlichen Gesellschaftslehre" reden. Sie wäre aber etwas anderes als das, was man gewöhnlich so bezeichnet.

Wenn der Papst oder die Bischöfe sich an die Lenker der Staaten wenden und ihnen Ratschläge für die Gestalt der menschlichen Gesellschaft erteilen oder gar Forderungen an sie richten, dann berufen sie sich ja gewöhnlich auf eine „christliche Gesellschaftslehre". Sie argumentieren dabei aus dem Naturrecht. Dieses betrachten sie als eine gemeinsame Basis. Auf sie könnte sich, so denken sie, auch ein nicht an Christus Glaubender stellen.

Was da geschieht, ist legitim. Um in den Bildern der Menschensohnvision des Danielbuchs zu bleiben: Da versucht der Mensch, die Bestie ein wenig zu dressieren, sie soll wenigstens etwas Wohlverhalten annehmen.

„Christliche Gesellschaftslehre“ meint in solchem Zusammenhang: Christen belehren eine nichtchristliche Gesellschaft, wie sie sogar von ihrer eigenen Denkbasis her besser werden könnte.

Man kann an Josef in Ägypten denken. Er gab dem Pharao Ratschläge, wie man die Menschheit vor den Folgen der sieben Hungerjahre bewahren könnte. Er diente der gesamten menschlichen Gesellschaft.

Doch die Gesellschaft, um die es Gott ging, kam in dem Augenblick in Sicht, wo Josefs Brüder nach Ägypten kamen. Sie hatten ihn zuerst umbringen wollen, dann als Sklaven ins Ausland verkauft. Nun trafen sie wieder auf Josef. Die Positionen waren umgekehrt. Er hatte jetzt alle Macht, und sie hingen von ihm ab. Er verzieh ihnen und versöhnte sich mit ihnen. Auf diese Weise setzte er einen Anfang jener neuen Gesellschaft, auf die Gott in der Geschichte zielt. Hier könnte man jetzt auch in einem viel genaueren Sinn als beim üblichen Sprachgebrauch von einer „christlichen Gesellschaftslehre“ reden.

Die christliche Gesellschaftslehre in diesem

Sinn hätte von einer Modellgesellschaft zu handeln, die Gott in der menschlichen Geschichte heraufführen will. Gott hat diesen Versuch immer wieder mit dem Volk Israel gemacht. Er hat an Jesus von Nazaret gezeigt, was entsteht, wenn ein Mensch sich voll darauf einläßt. Die Fortführung Jesu in die weiterlaufende Geschichte heißt Kirche.

Der Gegenstand einer solchen christlichen Gesellschaftslehre ist das „Reich Gottes", ist die „messianische Erwartung".

Daß dies dann die menschliche Gesamtgesellschaft nicht gewissermaßen elitär hinausweist, sondern sie auf neue und tiefere Weise einbezieht, ist eine zweite Sache. Es wird an dem Text des Jesajabuchs, der nun ausgelegt werden soll, sogar besonders deutlich.

Der höchste der Berge

Der Text beginnt mit einem mythischen Bild. Die Welt der Völker ist wie eine Berglandschaft. Mitten unter den Bergen ist der Zion: der Tempelberg von Jerusalem, auf dem der Tempel Jahwes steht. Es ist keineswegs der höchste aller Berge, wie jeder Jerusalemreisende weiß. Doch die Landschaft hat sich verwandelt. Der Berg mit dem Haus Jahwes hat sich gehoben und ist zum höchsten der Berge geworden. Alle Berge um ihn herum sind nur noch Hügel, die er überragt:

In kommenden Tagen wird es der Fall sein:
Fest gegründet steht
der Berg mit dem Haus Jahwes.
Der höchste der Berge –
er überragt alle Hügel.

Wenn Gott seine Vorstellung von der menschlichen Gesellschaft verwirklichen und seine Herrschaft durchsetzen will, dann ergreift er nicht in einem die ganze Menschheit. Er beginnt an einem bestimmten Ort, bei einem benennbaren Volk. Auf diese Weise führt er das Neue in die Geschichte ein. Er ist dann an einer bestimmten Stelle präsent. Dort kann der Rest der Menschheit ablesen, worum es geht. Das ist damit gemeint, daß der eine Berg über die anderen hinauswächst.

Das gleiche meinte Jesus, als er seine Jünger das „Licht der Welt“ nannte und hinzufügte: „Eine Stadt, die auf dem Berg liegt, kann nicht verborgen bleiben.“

An dieser Stelle müssen wir den Begriff der

„Gesellschaftskritik" einführen. Wenn wir den bestehenden Verhältnissen gegenüber kritisch werden, pflegen wir sie an idealen Vorstellungen zu messen, die unserem Kopf entspringen. In der Vision Jesajas vollzieht sich die Gesellschaftskritik nicht durch Denken, sondern durch Sein. Indem der eine Berg über die anderen Berge hinauswächst und sie alle zusammen zu Hügeln degradiert, ist er ihre Kritik. Sie erhalten ein Maß, an dem man sie messen kann. Das Maß ist nicht gedacht, es ist da.

Nur eine solche Gesellschaftskritik, nämlich die Erstellung eines besseren Modells, kann jene Neuorientierung der gesamten Völkerwelt heraufführen, von der unser Text nun spricht.

Die Völkerwallfahrt

In den nächsten Zeilen des Textes wird das Bild zur einen Hälfte aufgelöst. Der hohe Berg bleibt zwar im Zentrum als Berg stehen. Doch was mit den Hügeln gemeint war, wird übersetzt: Es sind die Völker der Welt.

Sobald die Völker das Modell der rechten Gesellschaft in Sicht bekommen, machen sie sich auf den Weg zum Berg mit dem Haus Jahwes:

Zu ihm strömen alle Völker,
die vielen Nationen machen sich auf den Weg.

Sie wollen sich über die Wege Gottes, die dort begangen werden, belehren lassen:

Sie sagen:
Kommt, wir ziehen hinauf zum Berg Jahwes,
zum Haus des Gottes Jakobs.
Er zeige uns seine Wege,
auf seinen Pfaden wollen wir gehen.

Was hier an Verwandlungsbereitschaft von ganzen Gesellschaften geschildert wird, ist unerhört. An der gelebten gesellschaftlichen Alternative erkennen die Menschen der anderen Gesellschaften, daß ihre eigenen Lebenskonstruktionen falsch sind. Sie verdrängen das nicht und gehen nicht in Abwehrposition, sondern werden zu Lernenden. Sie sind bereit, an dem Ort, wo das zu finden ist, sich Belehrung zu holen und sich in die Herrschaft Gottes einweisen zu lassen.

Wir können nur sagen, daß bis auf unsere Tage das, was hier in solch knappem Bild beschrieben wird, noch nicht stattgefunden hat.

Offenbar ist es trotz zweitausend Jahren von Jesus gestifteter Christenheit noch nicht dahin gekommen, daß die Gesellschaft der an Jesus Glaubenden ein Berg ist, der alle anderen Berge der Erde überragt und sie durch seine reine Existenz so sehr in ihrer Selbstsicherheit erschüttert, daß sie herkommen und fragen, was denn nun Gottes Wege seien, die solche Herrlichkeit hervorbringen.

Was hier beschrieben wird, ist eine Figur unserer Hoffnung. Wenn sie sich erfüllt, ist Parusie Christi.

Wir sehen, wo in dieser Figur unser Ort ist. Es kann nur an uns liegen, wenn der Berg sich noch nicht über alle anderen Berge emporgehoben hat und die Völker sich noch nicht bestürzt auf den Weg gemacht haben.

Das Ende der Kriege

Der Text versucht nun zu sagen, was geschieht, wenn die Völker sich belehren lassen. Dabei kommt überhaupt erst zur Sprache, was eigentlich das Neue der Gesellschaft Gottes ist.

Vom Zion aus wird eine Gesellschaftsordnung proklamiert,
und zwar als Wort Jahwes aus Jerusalem.

„Gesellschaftsordnung“ ist die Übersetzung des hebräischen Worts „Tora“, das gewöhnlich mit „Gesetz“ oder „Weisung“ wiedergegeben wird. Doch diese Übersetzungen sind ungenügend. Für den Israeliten war mit dem Wort „Tora“ eine ganze Welt entworfen. Es war jene Gesellschaftsordnung gemeint, die in seinen heiligen Büchern beschrieben wurde. Ihr Zentrum war die Liebe zum Nachbarn, die Liebe zum Fremden, die Sorge selbst um den in Not geratenen Feind.

Von Jesus her können wir unmittelbar die Bergpredigt ins Auge fassen. Sie ist im Matthäusevangelium durchaus als die neue Formulierung von Gottes gesellschaftlichem Willen gedacht und entspricht der „Tora“ Israels.

Bismarck hat einmal im Reichstag gesagt, mit der Bergpredigt lasse sich „kein Staat machen“. Nein, wahrhaftig nicht. Das sind nicht die Stoffe, aus denen Staaten gebaut werden. Aber deshalb faßt die Bibel ja die Weltstaaten von damals in das Bild von Bestien.

Staaten, welcher Konzeption auch immer, setzen voraus, daß die menschliche Rivalität unüberwindbar ist. Deshalb versuchen sie, die Rivalität zu kanalisieren. Dabei drohen sie mit Gewalt, zumindest im Hintergrund. Genau diese Voraussetzung macht Jesu Bergpredigt nicht mit.

Darin sagt sie aber nichts Neues. Unser Jesajatext sagt schon genau dasselbe.

Er geht davon aus, daß es für die Völker der Welt typisch ist, miteinander im Streit zu liegen. Der Krieg ist das Kind des Streits, und am Ende steht der Sieg der einen, die Niederlage der anderen Seite.

Gott in seiner neuen Gesellschaft hat andere Wege, den Streit zu schlichten. Daher wird als zentralste Kennzeichnung der neuen Weltgesellschaft Gottes das Ende der Kriege beschworen. Es wird keinen Krieg mehr geben. Die Energie, die früher in den Krieg gesteckt wurde, geht nun in Werke des Friedens und der Kultur:

Er schlichtet den Streit der Völker,
er ist der Schiedsrichter der vielen Nationen.
Sie schmieden ihre Schwerter in Pflugscharen um,
ihre Lanzen zu Winzermessern.
Nie mehr wird Volk gegen Volk ein Schwert erheben,
man bildet niemanden mehr aus für den Krieg.

In den mehr als zweieinhalbtausend Jahren, seitdem dieser Text formuliert wurde, mag sich unendlich viel in den Strukturen der menschlichen Gesellschaften und in der Weise, wie die Völker miteinander umgehen, geändert haben. Daß sich in diesen Wurzelgründen aller Übel überhaupt nichts geändert hat, dürfte jedem klar sein, der auch nur zweieinhalb Wochen lang die Reisen und Gespräche der Staatsmänner und die Diskussionen der Parlamente verfolgt.

Es gibt christliche Friedensbewegungen, und es gibt viele christliche Kriegsdienstverweigerer. Diese Bewegungen und diese Einzelnen fühlen sich selbst von den anderen Christen oft alleingelassen. Wir sollten viel mehr Achtung vor dem haben, was da so klar gesehen wird, und vor der Tapferkeit, mit der die Folgerungen gezogen werden. Trotzdem setzt unser Text eigentlich voraus, daß nicht der einzelne als einzelner aussteigen müßte. Er rechnet auch nicht damit, daß man die streitenden Nationen mit Worten und Manifesten überzeugen muß. Für ihn geschieht die Bekehrung der Menschheit zum Frieden, wenn die vom Volk Gottes gemeinsam gelebte Alternative, die nicht auf Rivalität fundierte Gesellschaft, als der höchste der Berge sichtbar über die Hügel emporragt.

Der Anfang beim Haus Jakob

Deshalb ist der letzte Satz des ganzen Texts geradezu entscheidend. In ihm wird nun auch noch das letzte Stück des ursprünglichen Bildes aufgelöst. Auch das, was mit dem „Berg mit dem Haus Jahwes“ gemeint war, wird übersetzt.

Dieser Berg ist das Volk Israel als jener Teil der Menschheit, durch den Gott seine Modellgesellschaft in die Geschichte einbringen will. Für uns Christen ist er die Kirche der an Jesus Glaubenden.

Sie, das „Haus Jakobs“, wird nun angeredet und aufgefordert, endlich mit der gelebten Alternative zu beginnen:

> *Laßt uns beginnen, im Licht Jahwes unseren Weg zu gehen.*

Das Ende der Kriege, die Umkehr der Völker vom Streit zum Frieden ist denkbar. Doch es gibt eine Voraussetzung. Jene, denen Gott die Augen geöffnet hat, müssen als Kirche, noch kleiner: als Gemeinde, anfangen, Gottes gewaltlose Alternative miteinander real zu leben.

II

Entscheidung für diese Erde

Aus dem Baumstumpf wächst ein Reis empor

Schaut den Weltenherrn, Jahwe der Heere,
wie er mit furchtbarem Schlag die Laubkronen abhaut:
Die mächtigen Bäume sind gefällt,
die Hochragenden liegen auf der Erde.
Das Waldesdickicht wird mit dem Eisen gerodet,
der Libanonwald mit seinen herrlichen Zedern fällt zusammen.

Doch aus dem Baumstumpf Isais wächst ein Reis empor,
ein neuer Trieb aus den Wurzeln wird zum Baum und bringt Frucht.

In den wird Jahwe seinen eigenen Geist hineinlegen:
einen Geist des Sachverstands und des Weitblicks,
einen Geist des Zuhörenkönnens und der klaren Entscheidung,
einen Geist, der Gottes Weisung kennt und den die Furcht Jahwes trägt.

Weil der Duft der Furcht Jahwes seine Lust ist,
wird er als Richter nicht auf das schauen, was vor Augen zu liegen scheint,
wird nicht nach dem, was man ihm vorerzählt, entscheiden.
Wenn er richtet, wird auch den Einflußlosen ihr Recht,

zugunsten der Armen vom Land entscheidet er so,
daß Ausgleich entsteht.
Den Gewalttätigen schlägt er – doch mit dem Stock des Wortes;
mit der Geisteskraft seiner Rede beseitigt er den Verbrecher.
Gerechtigkeit ist der Gürtel um seine Hüften,
Vertrauenswürdigkeit der Gürtel um seinen Leib.

Dann wohnt der Wolf beim Lamm,
der Panther liegt beim Böcklein.
Kalb und Löwe weiden zusammen,
ein kleiner Knabe kann sie hüten.
Kuh und Bärin freunden sich an,
ihre Jungen liegen beieinander,
der Löwe frißt Stroh wie das Rind.

Der Säugling spielt vor dem Schlupfloch der Natter,
das Kind steckt die Hand in die Höhle der Schlange.

Man tut nichts Böses mehr, es gibt kein Verbrechen mehr
auf meinem ganzen heiligen Berg.
Denn wie das Meer mit Wasser gefüllt ist,
so ist das Land erfüllt mit Einsicht im Blick auf Jahwe.

In jener Zeit wird es der Wurzelstock Isais sein,
der aufragt als Zeichen für die Nationen.
Die Völker strömen herbei,
die Stadt, wo er wohnt, ist – Herrlichkeit.

(Jes 10,33–11,10)

Der jüdische Einwand

Eine jüdische Geschichte erzählt von einem Rabbi, dem seine Schüler die Nachricht brachten: „Der Messias ist gekommen!" Der Rabbi stand auf, ging ans Fenster, blickte auf die Straße, kam zurück und setzte sich wieder hin. „Was ist nun? Was sollen wir tun?" fragten die Schüler. „Nichts sollt ihr tun, weiterlernen sollt ihr", sagte der Rabbi. „Wie kann der Messias gekommen sein, wenn nichts in der Welt sich verändert hat?"

Wenn ein Christ diese Geschichte hört – müßte sie ihm nicht tief unter die Haut gehen? Denn auf ihre liebenswürdig-narrative Art formuliert sie in Wirklichkeit *den* Einwand der Juden gegen die Christen: Ihr behauptet, der Messias sei schon gekommen – wo hat sich denn etwas verändert?

Warum gehen uns aber die Geschichte und der Einwand nicht unter die Haut? Warum haben wir vielleicht sogar Schwierigkeiten, die Ernsthaftigkeit der ganzen Fragestellung einzusehen?

Es scheint eigentümliche Hemmungen zu geben, die in uns wirksam sind. Sie machen es uns schwer, einen Gott zu denken, der sich dann, wenn er uns Hoffnung zuspricht, für diese Erde entschieden hat. Sie bringen uns fast automatisch dazu, biblische Texte weltflüchtig zu verstehen.

Die Versuchung ist uralt. Schon ins Neue Testament ragt die Auseinandersetzung mit der ersten Häresie hinein, der materiefeindlichen Gnosis. Schon zur Zeit des Jesaja trieben die Bewohner Jerusalems lieber Totenkult, als daß sie sich auf einen Gott verließen, der sie in das Land geführt hatte, wo Milch und Honig strömen.

Unsere heutige religiöse Berührungsangst vor der Erde hängt mit der Rolle zusammen, die die bürgerliche Gesellschaft der Religion zuweist.

Was für eine Religion die bürgerliche Gesellschaft gebrauchen kann

Eigentlich ist alles schon im 17. Jahrhundert bei einem der ersten Gesellschaftstheoretiker der Neuzeit formuliert, bei Thomas Hobbes.

Er fühlte sich noch verpflichtet, seine Theorie vom modernen Staat auch theologisch zu begründen. Deshalb ging er die ganze Bibel von Anfang bis Ende durch und führte aus ihr den

Beweis, daß es zwar in den Zeiten des Alten Testaments so etwas wie Gottesherrschaft gegeben habe, doch nicht mehr seit Jesu Tod. In Israel habe Gott noch aus einem Volk eine besondere Gesellschaft machen wollen. Als Jesus umgebracht worden war, habe er diesen Plan aber aufgegeben. Erst wenn Jesus am Ende der Zeiten wiederkommt, werde es wieder eine von Gott direkt regierte ideale menschliche Gesellschaft geben – dann selbstverständlich im Jenseits. Da werde dann der Staat überflüssig sein. Jetzt dagegen sei die Zeit des Staates. Die Kirche habe die Aufgabe, dem Staat bei der Erfüllung seiner Aufgaben zu helfen. Sie müsse für die Moral der Bürger sorgen. Sie habe sie zu ermuntern, so zu leben, daß sie bei Christi Wiederkunft auch in das Himmelreich eingelassen werden. Die leidenden Menschen solle sie mit dem Hinweis auf die verheißene ewige Seligkeit trösten.

Die Beweisführung aus den biblischen Texten war zweifellos falsch. Aber sie scheint die Intellektuellen von damals überzeugt zu haben. Das war in den Anfängen des Nationalstaats und der bürgerlichen Wertvorstellungen. Inzwischen leben wir in den Endzuckungen dessen, was damals begann.

Vieles hat sich geändert. Kein Gesellschaftstheoretiker hat es mehr nötig, seiner Staatstheorie einen theologischen Teil anzuhängen, damit seine Leser auch überzeugt sind. Die Gesellschaft ist auch komplexer und differenzierter geworden, als Hobbes voraussehen konnte. Doch eines hat sich nicht verändert: die dienende Rolle, die der Religion zugewiesen wird, ihre Ausschaltung aus allem, was mit dieser Erde zu tun hat.

Das gesellschaftliche Gesamtsystem hat sich in Subsysteme aufgeteilt, die einander ergänzen: den Staat, die Wirtschaft, die Kunst, die Erziehung, die Freizeit, die zum Intimraum geschrumpfte Familie. All das sind in sich stehende Sinnregionen. Neben ihnen gibt es dann noch eine weitere, die Religion. Sie wird weitgehend, wenn auch nicht ausschließlich, von den traditionellen Großkirchen betreut. Hier, im „religiösen Bereich“, tankt der Mensch am Sonntag ein wenig festlichen Glanz auf, gerade so viel, wie er braucht für die lange Fahrt durch die Last und Banalität der Woche. Bei den Kirchen werden den Menschen an den kritischen Punkten des Lebens, wo sich die Frage nach dem Sinn des ganzen stellt, Riten angeboten. Sie sprechen Sinn zu. Im religiösen Raum wird gegen die kaum ausgesprochene, aber doch alles durchschattende Klage über die Endlichkeit des Daseins die Hoffnung auf jenseitige Transzendenz genährt.

Die mit solchen Aufgaben betraute Religion ist für unsere Gesellschaft unentbehrlich. Das zeigt sich ja deutlich bei der sozialistischen Spielart unserer Gesellschaft. Dort will es nicht gelingen, die Religion durch Atheismus zu ersetzen, ja gerade die atheistische Belehrung erzeugt in der Jugend neuen religiösen Hunger.

Doch unsere Gesellschaft stellt der Religion eine harte Bedingung. Sie hat sich auf den ihr zugeteilten Bezirk der Lebenswirklichkeit zu beschränken. Sie gehört zum Individuum, sie ist spezialisiert auf Innerlichkeit, auf Tröstung, auf die Ornamentierung des Lebens durch Festlichkeit und Riten. Um Gottes willen soll sie ihre Finger von dieser Erde und der Gesellschaft als ganzer weglassen. Wie schreit man auf, wenn einige Bischöfe es wagen, sich öffentlich in Fragen der Politik, der Staatsverschuldung oder der Abtreibungsgesetzgebung einzumischen. Das geht die Kirche nichts an.

Vielleicht müßten manche Bischöfe in der Tat ihre Finger aus einigem herauslassen, solange sie im allgemeinen den Eindruck erwekken, mit der Rolle, die ihnen diese Gesellschaft zuweist, durchaus einverstanden zu sein, und selbst ihre pastorale Strategie dem anpassen. Die Frage ist allerdings, ob sie das von der Bibel her dürften.

Jenseitstrost ja und nein

Dürfen wir uns denn durch das Diktat einer letztlich an ganz anderem interessierten Gesellschaft unsere messianische Hoffnung in eine Vertröstung aufs Jenseits umdeuten lassen?

Das meint nicht, auf dieser Erde dürfe nicht getröstet werden. Weniges ist uns so erschrekkend abhanden gekommen wie die Fähigkeit, zu klagen und zu trauern, und dann erst recht die Kunst, die Trauernden zu trösten. Nur ist wahrer Trost etwas anderes als Vertröstung auf später. Letztlich kann man einen Menschen nur mit Gott trösten. Der unbegreifliche, aber liebende Gott muß ihm ansichtig werden. Wie dieser Gott dann selber den trauernden Menschen tröstet, ob hier, ob drüben, das bleibt nochmals seine Freiheit und sein Geheimnis.

Ich meine erst recht nicht, nach dem Tod komme nichts mehr. Gottes Liebe ist zu maßlos, als daß wir so etwas je denken dürften. Nur macht, wer dieses Leben nicht ernst nimmt, weil dann ja ein anderes komme, auch nicht mehr Ernst mit der alten Lehre, daß wir nur auf dieser Erde auf dem Wege sind (in statu viae), jenseits aber am Ziel (in statu termini). Denn das bedeutet: Wohin wir, als einzelne und gemeinsam, hier nicht gehen, dahin gelangen wir jenseits nicht. Was wir drüben essen, muß hier gekocht werden. Nur die Tränen, die hier geweint sind, verwandeln sich drüben in Lachen. Letztlich wird nichts jenseits des Todes sein, was nicht jetzt hier ist – wenn dann auch ganz verwandelt. Das Diesseits muß uns also sogar um des Jenseits willen so wichtig sein. Um unserer Ewigkeit willen ist diese Zeit für Gott so wichtig.

Wo das nicht mehr gesehen wird, geschieht bürgerliche Vertröstung. Sie ist nicht christlich, auch wenn sie uns geradezu das Christlichste in der Welt zu sein scheint. Aus ihr entspringt dann auch automatisch die zweite typische Akzentsetzung der bürgerlichen Religion: die Privatisierung und Innerlichkeit.

Innerlichkeit ja und nein

„Religion ist Privatsache“, „Ich komme mit meinem Gott schon klar“, „Mir schwindet das religiöse Gefühl“, „Ich kann nicht mehr glauben“ – das sind typische Alltagsfloskeln, die unsere Denkraster verraten. Religion ist Sache des Einzelnen. Sie ist auch Gefühlssache.

Es ist sicher nicht zufällig, daß im bürgerlichen Christentum die Frau als das eigentliche religiöse Wesen galt, nicht der Mann. Das steht in schroffem Gegensatz zur religiösen Geschlechterrollenverteilung im Judentum, Islam und früheren christlichen Kulturmustern. Es paßt aber genau dazu, daß in der Hauptphase der bürgerlichen Gesellschaft mit der immer deutlicheren Trennung der Familie vom wirtschaftlichen Bereich die Frau immer mehr in die Intimwelt zurückgedrängt wurde. Ehe die Spannungen untragbar wurden und die Frauenemanzipation einsetzte, war die Welt des Gefühls, vor allem auch des religiösen Gefühls, einer der wenigen Bereiche, wo die Frau sich noch entfalten konnte.

Inzwischen ist diese Geschlechterdifferenz abgebaut. Doch Religion als privatisierte Innerlichkeit ist weiterhin gefragt. Selbst eine Generation, die den bürgerlichen Strukturen schon weithin nicht mehr traut und aus ihnen auszusteigen beginnt, durchschaut offenbar bei weitem nicht, aus was allem sie aussteigen müßte, und so behält sie auch das Innerlichkeitsideal in vielen Fällen bei.

Sie begegnet inzwischen einem pluralistischen religiösen Angebot an Innerlichkeit. Es hat interkontinentales Ausmaß. So entsteht oft die Illusion, man könne aus der Welt der Eltern aussteigen, indem man sich für eine neue Form der Innerlichkeit entscheidet, die aus weiter Ferne stammt. Zen, Yoga oder transzendentale Meditation, selbst bestimmte Rituale von Psychogruppen sind jedoch, wenn wir sie übernehmen, nicht mehr einfach das, was sie in ihrem ursprünglichen gesellschaftlichen Zusammenhang waren. Unter Umständen ist also gar nicht viel passiert. Man hat nur die Gestalt der Innerlichkeit ausgewechselt. Doch beugt man sich dabei weiter dem Gebot der alten Gesellschaft, Religion in der Form reiner Innerlichkeit zu praktizieren.

Wieder soll nicht gesagt sein, die Hinwendung zur eigenen Tiefe sei ein Fehler, und es sei ein Irrtum, wenn jemandem die Oberflächlichkeit und Leere unserer Gesellschaft schal schmecken. Es ist schon seltsam: Die gleiche Gesellschaft, die die Religion eigens für die Pflege der Innerlichkeit vorsieht, macht ihr diese Aufgabe zugleich von Jahr zu Jahr schwerer. Sie läßt sich immer mehr von Massenkonsum und Massenkommunikation bestimmen und baut dadurch dem einzelnen immer mehr Hindernisse auf, in Ruhe und Selbstand bei sich zu sein. Das wirkt sich in den Kirchen selbst aus. Ihre eigene traditionelle Innerlichkeitssubstanz schmilzt ihnen unter den Händen weg. Die reichen christlichen Traditionen von Meditation und Versenkung sind kaum noch bekannt. Es gibt nur noch wenige, die sie handhaben und vermitteln können. Das macht die Hinwendung vor allem zu östlichen Techniken der Innerlichkeit erklärbar. Doch wie konnte es zu so etwas kommen?

Es gibt wohl nur eine Erklärung. Die von der Gesellschaft den Kirchen gewissermaßen als Hauptaufgabe und zusammenhanglos zugeteilte Pflege privater, öffentlich unverbindlicher Innerlichkeit ist ein Unding. Dabei muß am Ende die Innerlichkeit selbst unmöglich werden.

Deshalb ist der Rückgriff auf östliche oder andere Formen der Innerlichkeit auch keine

Hilfe auf Dauer. Bleibt die gesellschaftliche Festlegung des Orts der Innerlichkeit unverändert, dann wird die private Befreiung vom drehenden Rad des oberflächlichen Alltagsgetriebes Selbstzweck ohne gesellschaftlichen Zusammenhang. Es wird eine Position eingenommen, die das Gegenteil der messianischen Hoffnung ist. Man flüchtet vor der Erde, zu der Gott sich entschlossen hat. Man mag sich zum Buddhisten entwickeln. Christ ist man nicht. Allerdings – vielleicht kann man dann nicht einmal wirklicher Buddhist werden.

Jemandem, der an Christus glaubt, müßte heute wie nie jemandem vorher die Frage der Juden im Ohr hallen: Warum, wenn der Messias schon gekommen sein soll, verändert sich nichts in der realen Welt? Das, was uns die adventlichen Texte sagen, darf nicht unter den zu Jenseitsvertröstung und Flucht ins Innen des Individuums zwingenden Voraussetzungen einer Gesellschaftskonstruktion gelesen werden, die jetzt bei uns herrscht und die wir schon in unserer Kindheit verinnerlicht haben. Um diese Texte zu verstehen, müssen wir zu alternativem Denken bereit sein. Die uns zugesagte Alternative Gottes ist von dieser Erde und zielt auf das Ganze der Gesellschaft. Allein so läßt sich der

Text aus dem Jesajabuch, dem wir uns jetzt zuwenden, wörtlich nehmen.

Innergeschichtliche Kontinuität

Der Text geht aus vom Untergang einer Gesellschaft, die sogar schon eine Geschichte mit Gott hatte. Es ist das Israel, das unter David und seinen Nachkommen in einem Staat lebte, der im Entscheidenden nicht anders war als alle Staaten von damals. Er wird mit einem herrlichen Wald auf dem Libanongebirge verglichen. Gott selbst legt Hand an und fällt ihn:

Schaut den Weltenherrn, Jahwe der Heere,
wie er mit furchtbarem Schlag die Laubkronen abhaut:
Die mächtigen Bäume sind gefällt,
die Hochragenden liegen auf der Erde.
Das Waldesdickicht wird mit dem Eisen gerodet,
der Libanonwald mit seinen herrlichen Zedern fällt zusammen.

Einer der hochragenden und jetzt gefällten Bäume ist die Herrscherdynastie, das Haus David. Die Familie ist so dezimiert, daß man sie nicht einmal mehr nach David benennen kann, sondern auf dessen Vater Isai zurückgehen muß, um noch Überlebende zu entdecken. Dies tut unser Text. Ihm kommt es offenbar darauf an, bei allem Gegensatz zwischen der alten Gesellschaft, die dem Untergang geweiht war, und der neuen, die Gott schaffen will, doch zugleich die innergeschichtliche Kontinuität zu betonen. Er bleibt deshalb zunächst auch noch im Bild des gerodeten Waldes, von dem nur noch Baumstümpfe übrig geblieben sind. An einem solchen Baumstumpf geschieht das Wunder:

Aus dem Baumstumpf Isais wächst ein Reis empor,
ein neuer Trieb aus den Wurzeln wird zum Baum
und bringt Frucht.

Die messianische Alternative, auf dieser Erde und in geschichtlicher Kontinuität zu früheren Gestalten des Gottesvolkes, wird hier also im Blick auf den Messias selbst, das Zentrum der neuen Gesellschaft, dargestellt.

Der Messias aus dem Baumstumpf Isais

Zunächst geht es um den Geist, der den Messias (und von ihm her die ganze messianische Gesellschaft) bestimmt. Es ist von Gott her gegebener Geist, ja Gottes eigener Geist. Um so überraschender ist es, daß dieser Geist zunächst einmal ausgesprochen „politisch“ erscheint. Es ist die Begabung eines Staatsmanns, eines für viele verwantwortlichen Menschen, die dem Messias verliehen wird:

In ihn wird Jahwe seinen eigenen Geist hineinlegen:
einen Geist des Sachverstands und des Weitblicks,
einen Geist des Zuhörenkönnens und der klaren Entscheidung.

Wieder ist deutlich, wie sehr Gottes Alternative von dieser Erde ist. Diese so irdisch-politische Begabung ist aber nun gerade offen auf jene Dimensionen hin, die unsere Gesellschaft im politischen Bereich nicht mehr nötig zu haben glaubt und ins „rein Religiöse“ abgedrängt hat. Der Messias verfügt zugleich über

einen Geist, der Gottes Weisung kennt und den die Furcht Jahwes trägt.

Es ist gerade die Einheit des Gesellschaftlichen und des Religiösen, die es ermöglicht, daß in dieser Gesellschaft die institutionellen Abläufe anderes produzieren als immer neue Gegensätze und Konflikte. Der Text entfaltet es an einem der wundesten Punkte der antiken Gesellschaften, der Rechtspflege:

Weil der Duft der Furcht Jahwes seine Lust ist,

deshalb wird dieser Messias in seiner Rechtsprechung die Dinge durchschauen, die Klassengegensätze aufheben, gerade den Randgruppen zum Recht verhelfen, eine egalitäre Gesellschaft herstellen:

Er wird nicht auf das schauen, was vor Augen zu liegen scheint,
wird nicht nach dem, was man ihm vorerzählt, entscheiden.
Wenn er richtet, wird auch den Einflußlosen ihr Recht,
zugunsten der Armen vom Land entscheidet er so, daß Ausgleich entsteht.

Der Weg zur in sich ausgeglichenen, friedlichen Gesellschaft ist nicht mehr die Gewalt, selbst nicht die gesetzlich gerechtfertigte, sondern die Macht des Wortes und der Überzeugung. Der Gedanke ist so neu, daß er nur paradox ausgesagt werden kann, unter Anspielung auf ältere Aussagen, die von gewaltsamer Herrschaftsausübung sprachen:

Den Gewalttätigen schlägt er – doch mit dem Stock des Wortes;
mit der Geisteskraft seiner Rede beseitigt er den Verbrecher.

Egalität ohne Verlust der Vielfalt

Da unsere Gesellschaft zumindest auf bestimmten Ebenen auch ausgleichende und gleichmachende Tendenzen hat, verfügen wir in dieser Hinsicht über bestimmte Erfahrungen. Sie besagen, daß mit zunehmender Angleichung der Gruppen und der Einzelnen aneinander das Ganze farblos und langweilig wird. Genau das Gegenteil wird hier für jene Friedfertigkeit und Gleichheit behauptet, die dann entsteht, wenn der Geist der Furcht Jahwes in den gesellschaftlichen Ausgleichsprozessen wirksam ist. Dann werden jeder Einzelne und jede Gruppe ihre Eigenart überhaupt erst voll entwickeln, und es entsteht eine reiche Vielfalt.

Unser Text zeichnet diese Gesellschaft mit einem uralten mythischen Bild, dem des paradiesischen Tierfriedens. Die verschiedensten Arten, aber auch die verschiedenen Generationen leben in Frieden beieinander:

Da wohnt der Wolf beim Lamm,
der Panther liegt beim Böcklein.
Kalb und Löwe weiden zusammen,
ein kleiner Knabe kann sie hüten.
Kuh und Bärin freunden sich an,
ihre Jungen liegen beieinander,

der Löwe frißt Stroh wie das Rind.
Der Säugling spielt vor dem Schlupfloch der Natter,
das Kind steckt die Hand in die Höhle der Schlange.

Das klingt wie im Märchen. So ist es auch gemeint. Das, was uns von Gott her angeboten wird, ist ein auf dieser Welt verwirklichbares Märchen.

Es ist von Gott her möglich, daß es in einer Gesellschaft nichts Böses und kein Verbrechen gibt:

Man tut nichts Böses mehr, es gibt kein Verbrechen mehr
auf meinem ganzen heiligen Berg.

Die Voraussetzung ist jedoch eine Veränderung im menschlichen Geist, die unser Text „Einsicht" nennt. Sie erfaßt alle Glieder dieser alternativen Gesellschaft, gewissermaßen als Ausweitung der Geistbegabung des Messias, von der am Anfang des Textes die Rede war:

Wie das Meer mit Wasser gefüllt ist,
so ist das Land erfüllt mit Einsicht im Blick auf Jahwe.

Daß dies nicht als Bild für den aus individueller Versenkung stammenden Herzensfrieden eines weltflüchtigen Aussteigers gemeint ist, auch nicht als Bild für das Jenseits, zeigt der Abschluß des Textes. Er nimmt den Grundgedanken des Textes aus Jesaja 2 vom 1. Adventsonntag auf. Diese neue, messianische Gesellschaft wird zur Modellgesellschaft werden, an der sich alle Völker der Welt ausrichten:

In jener Zeit wird es der Wurzelstock Isais sein,
der aufragt als Zeichen für die Nationen.
Die Völker strömen herbei,
die Stadt, wo er wohnt, ist – Herrlichkeit.

Nochmals der jüdische Einwand

Nochmals sind wir bei der Frage der Juden. Wenn wir als Christen behaupten, Jesus von Nazaret sei der Christus, dann sagen wir, er sei jenes Reis aus dem Wurzelstock Isais. Wir beanspruchen, er sei jener Messias, der die in diesem Text beschriebene Gesellschaft auf diese Erde bringen sollte. Hat er sie gebracht? Wo ist sie? Wo ragt sie empor als „Zeichen für die Nationen"? Wo ist die „Stadt", bei deren Anblick man nur stammeln kann: „Welche Herrlichkeit!"

Wehe, wenn wir dieser Frage ausweichen. Die Antwortangebote der bürgerlichen Gesellschaft, die da heißen „Jenseits" und „Innerlichkeit", sind gegen die Texte. Kein Jude dürfte sie anerkennen. Kein Mensch darf sie anerkennen – wenn er nur weiß, welche Texte wir uns in unseren Adventsgottesdiensten vorlesen. Sind diese Texte nur Gerede oder glauben wir an sie?

Wenn wir an sie glauben und gleichzeitig bekennen, daß Jesus der Messias ist, dann können wir nur beschämt unsere Schuld bekennen. Verdienen auch wir die Axt Gottes, die fällend durch die Geschichte geht?

III

Jenseits von Machbarkeit und Moralismus

Quellen in der Wüste

Freuen werden sich Wüste und Ödland,
die Steppe wird jubeln und blühen.
Sie wird prächtig blühen wie eine Lilie,
jubeln wird sie, jubeln und jauchzen.
Die Herrlichkeit des Libanon wird ihr geschenkt,
die Pracht des Karmel und der Ebene Scharon.
So wird sichtbar die Herrlichkeit Jahwes,
die Pracht unseres Gottes.

„Stärkt die erschlafften Hände,
macht die wankenden Knie wieder fest!
Sagt den Verzagten:
Seid stark! Fürchtet euch nicht!
Seht, hier ist euer Gott!
Die Abrechnung kommt,
die göttliche Vergeltung –
Er kommt, um euch zu retten!“

Da werden die Augen der Blinden geöffnet,
die Ohren der Tauben aufgetan.
Da springt wie ein Hirsch der Lahme,
die Zunge des Stummen jauchzt auf.

Denn in der Wüste brechen Quellen hervor,
und Bäche fließen im Ödland.
Der glühende Sand wird zum Teich,
der durstige Boden zu sprudelnden Quellen.
Wo die Schakale die Nacht verbrachten,
sprossen Gras, Schilfrohr und Binsen.

Eine feste Straße wird es dort geben,
man nennt sie den „heiligen Weg".
Kein Unreiner zieht auf ihr hin,
sie ist für andere.
Selbst Unerfahrene, die auf ihr ziehen,
gehen nicht in die Irre.
Dort wird es keinen Löwen geben,
kein Raubtier betritt diesen Weg.
Nichts von allem ist dort zu finden –
dort schreiten die Erlösten.

Die Jahwe in die Freiheit führt, die kehren zurück.
Sie kommen voll Jubel nach Zion,
ewige Freude ruht auf ihren Häuptern.
Wonne und Freude stellen sich ein,
Kummer und Seufzen entfliehen.

(Jes 35, 1–10)

Der Kleinste im Himmelreich ist größer als er

Johannes hörte im Gefängnis von den Taten des Messias. Da schickte er seine Jünger zu ihm. Sie sollten ihn fragen: „Bist du der, der kommen soll, oder müssen wir auf einen anderen warten?"

Jesus antwortete ihnen: „Geht und erzählt Johannes, was ihr hört und seht: Blinde sehen wieder und Lahme gehen. Aussätzige werden rein und Taube hören. Tote stehen auf, und den Armen wird die frohe

Nachricht verkündet. Selig ist, wer an mir keinen Anstoß nimmt."

Als sie wieder gegangen waren, begann Jesus zu der Menge über Johannes zu reden. Er sagte: „Was habt ihr eigentlich sehen wollen, als ihr in die Wüste hinausgegangen seid? Ein Schilfrohr, das im Wind schwankt? Oder was habt ihr sehen wollen, als ihr hinausgegangen seid? Einen Mann in gepflegter Kleidung? Leute, die sich gepflegt kleiden, findet man in den Palästen der Könige. Oder wozu seid ihr hinausgegangen? Um einen Propheten zu sehen? Ja, ich sage euch: Ihr habt sogar mehr gesehen als einen Propheten! Er ist es, von dem es in der Schrift heißt: Ich sende vor dir meinen Boten her; er soll für dich den Weg bahnen. Ja, das sage ich euch: Unter allen Menschen hat es keinen größeren gegeben als Johannes den Täufer. Doch im Himmelreich der Kleinste ist größer als er."

(Mt 11,2–11)

Abschied von der moralischen Aufrüstung

Beginnen wir beim letzten Satz des Evangeliums:

> *Unter allen Menschen hat es keinen größeren gegeben als Johannes den Täufer – doch im Himmelreich der Kleinste ist größer als er.*

Zunächst zur Klärung: Wenn im Matthäusevangelium nach judenchristlicher Sprachgewohnheit vom „Himmelreich" gesprochen wird, dann ist das gleiche gemeint wie in den anderen Evangelien beim Wort „Gottesreich" oder – wie auch übersetzt werden kann – beim Wort „Gottesherrschaft": jene neue Gesellschaft, auf die die messianische Erwartung seit vielen Jahrhunderten ausgespannt war und von der Jesus verkündete, sie sei ganz nah. Ja, hier spricht er von Johannes dem Täufer als einer vergangenen Größe, vom „Kleinsten im Himmelreich" dagegen wie von jemandem, der jetzt unter den ihn Umgebenden steht.

Vor dem Eintreten der Gottesherrschaft gab es also keinen Größeren als Johannes. Doch wenn sie gekommen ist, dann ist in ihr noch der Kleinste und Armseligste größer als Johannes. Was wollte Jesus sagen?

Der Satz ist viel zu hart und genau, als daß er irgendwie nebenbei mitunterlaufen wäre. Alles strebt auf diesen Satz hin – und was für ein rhetorischer Anlauf wird da genommen! Jesus muß sich und das, was er brachte, so gesehen haben, daß es abgrundtief anders war als sein ehemaliger Lehrer Johannes der Täufer.

Jesus war ja ursprünglich einer von denen gewesen, die sich an Johannes orientiert hatten. Er war zu diesem Asketen und Prediger der Umkehr in die Wüste geeilt. Er hatte sich zum Zeichen seines ernsten Wollens von ihm taufen lassen. Aber eines Tages war er weggegangen. Er war dann selbst durch die Städte und Dörfer gezogen und hatte selbst zu den Menschen gesprochen. Seine Botschaft war nicht die gleiche wie die des Johannes. Ihm mußte etwas aufgeleuchtet sein, was Johannes nicht begriffen hatte.

Auch unser Text zeigt den inneren Abstand zwischen Johannes und Jesus. Inzwischen ist Johannes in Haft, weil er es gewagt hatte, seinem Landesfürsten die Wahrheit über dessen unmoralisches Verhalten zu sagen. Die Nachrichten, die er über Jesus erhält, verunsichern ihn offenbar. Jesus ist anders als das, was er selbst anbahnen wollte. Er schickt Jünger zu ihm, die ihn fragen sollen, wer er ist. Jesus verweist einfach auf die Wunder, die um ihn herum aufsprießen. Dann fügt er noch hinzu: „Selig ist, wer an mir keinen Anstoß nimmt." Johannes ist angesichts des Auftretens Jesu in eine Glaubensentscheidung hineingerufen, die ihm offenbar nicht leicht fällt.

Was ist der Anstoß, den der größte aller

Menschen vor dem Kommen des Gottesreiches, mehr als jeder frühere Prophet, an Jesus nimmt, ja nehmen muß, will er der bleiben, als der er angetreten ist?

Johannes war, wenn man das so formulieren darf, ein Weltenuntergangsmoralist. Mit vielen großen Menschen seiner Epoche war er überzeugt, daß die meisten Menschen und auf jeden Fall die Systeme, in denen die Menschen lebten, durch und durch böse waren. Deshalb war die Geschichte der Menschheit an ein Ende gekommen. Schlimmer ging es nicht mehr. Gott mußte bald kommen und eingreifen. Er konnte, wenn er kam, nur eines tun: Alles aufzehrendes Feuer des Gerichts und der Vernichtung auf die Erde werfen. Gott würde nicht ungerecht sein. Er würde nicht die Unschuldigen mitsamt den Schuldigen im Feuer vernichten. Er bot eine letzte Chance an: Das Wasser der Taufe, die Johannes spendete, konnte gegen das Feuer des Gerichts den schützen, der sich so versiegeln ließ. Das Wasser war natürlich nur ein Symbol. Wer sich taufen ließ, versprach die Bekehrung. Er versuchte, in dieser letzten, drängenden Stunde umzukehren und ein neues Leben zu beginnen. Nur wer Früchte der Bekehrung brachte, konnte hoffen, unverletzt durch das

Feuer des Zorns hindurchzuschreiten und in das Neue, das dahinter von Gott her begann, einzutreten.

So war Johannes der Täufer für die vorhandene Gesellschaft der Bote des unabwendbaren Endes, für einzelne aus ihr der Eröffner einer nochmaligen Chance, durch „moralische Aufrüstung“ in die neue Gesellschaft jenseits des Feuers aufgenommen zu werden.

Genau hier hat Jesus sich von Johannes getrennt. Er ist wohl ein noch größerer Realist als Johannes gewesen. Er wußte, daß der Mensch nochmals böser ist als ihm selbst Johannes zutraute. Selbst die moralischen Aufschwünge des Einzelnen und ganzer Gesellschaften tragen schon wieder den Keim neuer Verhärtung im Bösen in sich.

Dazu kam aber etwas anderes. Jesus muß aufgegangen sein, daß Gott, wenn er seine neue Wirklichkeit in die Geschichte einbringen will, auf nichts vom Menschen her angewiesen ist, weder auf menschliches Machen noch auf die hohe Moral einzelner Auserwählter. Gott bietet der Menschheit seine Alternative ohne jede Vorbedingung an. Er fordert auch keinerlei moralische Vorleistung.

Da kann man eine Hure sein oder ein kranker Mensch. Man kann ein von den andern verdammter reicher Ausbeuter sein oder ein eingebildeter Intellektueller oder ein kleines Wesen, das keiner kennt und beachtet. All das ist genau so viel und genau so wenig wert, wie wenn man ein edler Mensch ist oder sich aufgrund von jahrelangem Yoga bis ins Letzte in der Hand hat. Die neue Gesellschaft, die Gott verheißt, ist allen gleich fern und wird allen gratis angeboten.

Sie ist – um einen anderen Begriff dafür einzuführen – ein Wunder. Gott ist bereit, dieses Wunder zu wirken. Das ist das atemberaubend Neue in der Verkündigung Jesu. Auch der Unbedeutendste unter denen, die an diese Botschaft Jesu glauben, Jesus nachlaufen und in seinem Bannkreis leben, ist damit in etwas hineingenommen, an das der größte aller Moralisten prinzipiell nicht heranreichen kann. Wunder bleibt Wunder.

Für den Menschen ist's unmöglich

Als einmal ein durchaus moralischer, allerdings vermögender Mensch es nicht fertigbrachte, sich in diese Welt der Gnade hineinnehmen zu lassen, und traurig von dannen ging, waren Jesu Jünger erschrocken und fragten, wer, wenn selbst solche Menschen es nicht schafften, denn dann noch aus Gottes Zorn gerettet werden könnte. Wenn ihn sein Besitz hinderte, sich einfach in die Hände Gottes fallen zu lassen – irgend etwas Eigenes hat doch jeder Mensch durch seine Leistung wie einen Schutzwall um sich aufgebaut! Da hat Jesus ihnen gesagt: „Für den Menschen ist es schlicht unmöglich, in die Gottesherrschaft hineinzugehen. Doch Gott ist alles möglich."

Wir Kinder des auslaufenden 20. Jahrhunderts denken von dem her, was unsere Gesellschaft uns beigebracht hat, durchaus moralisch. Wenn wir zum Beispiel brav bürgerlich sind, dann bestimmt uns letztlich vielleicht die edle deutsche Bildungstradition. Ohne daß wir es im einzelnen jeweils wissen, wirken etwa die Gedanken eines so großen Moralisten wie Immanuel Kant in uns weiter. Er war noch in der Lage, philosophische Entwürfe mit Hilfe der Begriffe des Neuen Testaments auszudrücken. Aber was hat dieser größte aller Aufklärer daraus gemacht, etwa in seiner Schrift „Die Religion innerhalb der Grenzen der bloßen Vernunft"? Jesus von Nazaret ist für ihn die ideale

Verwirklichung der sittlich vollkommenen und religiös gelungenen Menschlichkeit. Dieses Ideal ist uns jetzt vor Augen gestellt. Als sittliche Wesen sind wir aufgerufen, uns in der Verwirklichung dieses reinen Menschentums dem Ideal des Reiches Gottes immer mehr anzunähern. Das ist auch möglich. Denn die Menschheit ist moralisch verbesserungsfähig, das Böse ist allmählich überwindbar, ein Völkerbund ewigen Friedens ist erreichbar. Nur müssen wir uns, jeder an seiner Stelle, ans Werk machen und streng moralisch handeln.

Heute drückt das niemand mehr auf diese Weise aus. Aber wenn man zum Beispiel eine so noble Zeitung wie die „Frankfurter Allgemeine" liest, und zwar da, wo sie auf der Höhe ihrer belehrenden Nachrichtenvermittlung ist, verläßt einen nicht das Gefühl, daß einem das gleiche Grundvertrauen auf die menschliche Vernunft und Moralität entgegenschlägt. Selbst wenn die zugleich vertretene liberale Wirtschaftsordnung doch eigentlich auf der beständigen Rivalität aller aufbaut, steckt hinter dem nochmals das Urvertrauen, daß alle einander ständig Bekämpfenden letztlich nur das Gute wollen, daß sie mit Vernunftgründen überzeugbar sind und daß im Endeffekt auch immer die nächsthöhere

Stufe der Menschheitsentwicklung herauskommen wird.

Der wahre Sozialismus ist noch viel moralischer. Zwar soll die Geschichtsdialektik irgendwie mit Notwendigkeit ablaufen. Aber das vereinbart sich durchaus damit, daß die Partei bis zur entscheidenden revolutionären Wende an alle ihre Mitstreiter härteste moralische Forderungen stellen muß. Und nach gelungener Revolution ändert sich zwar der Inhalt der Anforderungen, aber die moralischen Appelle zu ständigen Leistungssteigerungen bleiben nie aus. Nur so kann die Menschheit den Weg zur kommunistischen Gesellschaft gehen.

Auch die Studentenrevolution der sechziger Jahre war unglaublich moralisch. Man sieht das schon daran, daß einer ihrer möglich gewordenen Ausläufer dann der Terrorismus war. Terrorismus ist die radikal zum Ausdruck gebrachte Verzweiflung des scheiternden Moralisten.

Inzwischen tragen wir eher die sanfte Farbe Grün. Auch deren Anfänge verraten schon alles. Da war der sogenannte „Club of Rome“, eine Vereinigung höchst ehrenwerter und nachdenklicher Menschen aus Industrie und Politik. Sie brachten einen Weltbestseller mit dem Titel

„Das Ende des Wachstums" heraus. Der Grundgedanke dieses Buchs ist rein moralisch: Wenn wir die Menschheit über die Gefahr des Untergangs, der ihr droht, nur richtig aufklären, dann wird sie schon die Mittel ergreifen, die zu ihrer Rettung nötig sind.

So könnte man – gegen alles, was auch an Resignation und Verzweiflung unser Denken durchzieht – fortfahren, geheime Hoffnungen aufzuzählen, die selbst heute überall auf die Kraft der Vernunft und des menschlichen Willens zum Guten setzen.

Selbstverständlich ist Moral nichts Schlechtes, und es gibt die Freiheit des menschlichen Wollens. Es gibt auch Menschen, die von ihr guten Gebrauch machen. Sie sind vielleicht sogar zahlreicher, als es den Anschein hat.

Selbstverständlich gibt es dann innerhalb der Gottesherrschaft durchaus die harte Anforderung an die menschliche Freiheit, nun einen neuen, den richtigen Weg zu gehen. Das ist auch keine Frage einer einmaligen Richtungsänderung, sondern es geht nicht ohne ständige Bekehrung aus der ständigen Versuchung, wieder in die Muster der alten Gesellschaft zurückzufallen.

Trotzdem ist das, was – erstmalig und dann

immer wieder – die Gottesherrschaft dem Menschen zugänglich macht, jenseits menschlichen Machens und Wollens. Die traditionelle christliche Lehre von der Erbsünde bleibt wahr, auch wenn heutzutage manche Theologen laut oder leise meinen, man müsse ihr den Abschied geben. Richtig verstanden besagt sie, daß jedem einzelnen Menschen von der Gesellschaft her das Böse so sehr vorgegeben ist, daß er aus eigener Kraft aus dem Teufelskreis des Bösen nicht herauskommt. „Für den Menschen ist's unmöglich, in die Gottesherrschaft hineinzugehen."

Wir sind so, daß wir es nicht durchhalten, den Nächsten zu lieben wie uns selbst – das heißt grundsätzlich vom andern her und nicht von uns her zu denken. Und das, obwohl dies das allein Menschliche wäre.

Wir sind so, daß wir immer wieder in Rivalität zueinander geraten und dann, wenn der andere nicht nachgibt, nach mehr oder weniger ausgedehnten Vorstufen am Ende zur letzten Waffe greifen: Wir setzen die Macht, ja die Gewalt ein. Doch die messianische Hoffnung spricht von einer gewaltfreien Gesellschaft, und diese ist in der Tat die einzige humane Möglichkeit.

So bleibt es für den Menschen unmöglich, in

die Gottesherrschaft hineinzugehen, und keine moralische Anstrengung öffnet ihm die Tür.

Bei Gott ist alles möglich

Jesus fügt zu dem Satz vom Unvermögen des Menschen sofort den andern hinzu, daß bei Gott alles möglich ist. Das besagt: Gott kann Wunder wirken, und er bietet an, das zu tun. Die messianische Alternative, weder machbar noch wollbar, ist das Angebot eines Wunders.

Es ist deshalb genau in der Logik der Sache, wenn Jesus Johannes auf die Wunder aufmerksam macht, die um ihn herum geschehen:

> *Geht und erzählt Johannes, was ihr hört und seht: Blinde sehen wieder und Lahme gehen. Aussätzige werden rein und Taube hören. Tote stehen auf, und den Armen wird die frohe Nachricht verkündet.*

Darin stecken für den Juden Johannes gleich zwei Aussagen. Einmal, daß sich hier menschlich Unmögliches, also Wunder ereignet. Hier handelt Gott. Zum andern, daß sich hier die messianischen Verheißungen erfüllen. Denn genau solche Dinge sind durch die Propheten für den Augenblick angesagt, wo Gottes Herrschaft sich in der Geschichte durchsetzt. Dies ist also das erwartete und erhoffte endzeitliche Handeln Gottes. Die Frage an Johannes lautet jetzt: Willst du dem, was Gott da wirkt, nun etwa deshalb nicht glauben, weil er sich nicht, wie du gemeint hast, auf die moralisch Aufgerüsteten beschränkt, sondern sein Wunder allen anbietet?

Fassen wir die beiden Aspekte der Aussage noch etwas genauer ins Auge! Zunächst die Behauptung, daß da, wo die neue, alternative Gesellschaft Gottes beginnt, Wunder geschehen.

Das ist uns Kindern der Naturwissenschaft eher peinlich. Aber es ist so. Da gibt es zunächst ein Urwunder, gewissermaßen die Basis der vielen einzelnen Wunder. Dieses besteht darin, daß die Menschen in der Überzeugung, daß Gott es ihnen ermöglicht, sich tatsächlich auf die neue Weise des Umgangs miteinander einlassen. Jesus nennt das „Glauben“. Wir würden vielleicht besser mit „Vertrauen“ übersetzen. Dem andern wirklich vertrauen kann kein Mensch aus sich selbst. Das ist ein Wunder. Wenn dieses Wunder geschieht, dann hat das Auswirkungen ins Psychische, ja ins Somatische hinein.

Unter den Wundererzählungen der Evangelien gibt es gewiß auch Legenden. Aber es gibt zugleich einen harten historischen Kern. Um Jesus herum und im Umgang mit ihm geschahen tatsächlich Dinge, die in unserer Gesellschaft normalerweise nicht zu geschehen pflegen und die deshalb heute auch nicht wissenschaftlich erforscht sind. Wo eine Gesellschaft wahrer Humanität auch nur im Ansatz aufblüht, da bricht sich aufgrund psychosomatischer Zusammenhänge auch die Gesundheit neue Bahn. Das sind Erfahrungen, die heute da, wo man sich auf das Evangelium voll einläßt, von neuem gemacht werden.

Und die Menschen werden nicht nur leiblich gesunder. Auch die Schönheit blüht auf, der Reichtum der vielen menschlichen Begabungen entfaltet sich, es gibt auf neue Weise Freude und Fest. Doch bei allem entscheidend bleibt das „Urwunder“: Den Menschen gelingt auf einmal das, was ihnen vorher trotz aller moralischen Anstrengung immer wieder mißlang – wirklich vom Andern her zu denken und sich vertrauend auf ihn einzulassen. Es gelingt, weil sie sich darauf verlassen, daß Gott jetzt am Werk ist. Alles andere ist nur Ausstrahlung.

Da werden die Augen der Blinden geöffnet

Die Wunder, die die Johannesjünger sehen und von denen sie ihrem Meister im Gefängnis berichten, führen vor allem deshalb eine so eindeutige Sprache, weil ja schon die alten Texte der messianischen Erwartung von ihnen sprechen. Indem Jesus in seiner Antwort an die Johannesjünger auf die Wunder verweist, die um ihn herum geschehen, zitiert er nämlich – dem Juden Johannes, der seine Bibel kennt, durchaus verständlich – mehrere Texte aus dem Buch Jesaja. Unter ihnen befindet sich auch der Text, der am 3. Adventsonntag die 1. Lesung bildet.

Um diesen Text voll zu verstehen, muß man davon ausgehen, daß die Entstehung der verheißenen neuen Gesellschaft auch unter dem Bild der Heimkehr der über die Völker zerstreuten Israeliten in ihre Heimat geschildert werden konnte. Hinter diesem Bild stehen geschichtliche Erfahrungen: die Befreiung aus Ägypten am Anfang der Volksgeschichte, und dann die Heimkehr der Deportierten am Ende des babylonischen Exils. Zugleich verdichtet sich in diesem Bild das Wissen, daß wir Menschen in unseren vorhandenen Gesellschaften irgendwie in der Fremde und zerstreut leben, während unsere Sehnsucht doch auf Heimkehr in eine uns bekannte Heimat und Sammlung in neuer Gemeinschaft geht.

Dieses Bild von der Heimkehr liegt unserem Text zugrunde. Doch ihm geht es nun um eine besondere Nuance: Eine solche Heimkehr aus der Zerstreuung ist an sich etwas nicht zu Leistendes, Unmögliches. Im Bild: Der Weg führt durch eine unwegsame und wasserlose, von wilden Tieren beherrschte Wüste, die Menschen eigentlich nicht durchqueren können. Zwischen den menschlichen Gesellschaften und dem verheißenen Zion liegt diese menschlich unüberschreitbare Schranke der Wüste.

In zwei Strophen, die parallel zueinander laufen, entwirft unser Text nun das Bild des Wunders. Die Wüste wird zu wasserreichem Land und steht voller Blütenpracht:

In der Wüste brechen Quellen hervor,
und Bäche fließen im Ödland.
Der glühende Sand wird zum Teich,
der durstige Boden zu sprudelnden Quellen.
Wo die Schakale die Nacht verbrachten,
sprossen Gras, Schilfrohr und Binsen.

Das ist der Anfang der zweiten Strophe; Wasser in der Wüste, das Unmögliche, das Wunder. Im

Wunder wird die stumme Natur gewissermaßen zur Sprache, ja zu Lied und Gesang. Im Wunder spricht Gott selbst, zeigt seine Herrlichkeit. Dies stellt sofort am Anfang der Beginn der ersten Strophe vor uns hin:

Freuen werden sich Wüste und Ödland,
die Steppe wird jubeln und blühen.
Sie wird prächtig blühen wie eine Lilie,
jubeln wird sie, jubeln und jauchzen.
Die Herrlichkeit des Libanon wird ihr geschenkt,
die Pracht des Karmel und der Ebene Scharon.
So wird sichtbar die Herrlichkeit Jahwes,
die Pracht unseres Gottes.

Indem die Wüste verwandelt wird, wird sie auch wegsam. Das verdichtet sich im Bild der Straße, die dort entsteht. Sie hat auch in keiner Weise die Eigenschaften einer sonstigen Wüstenstraße. Alle Gefahren einer solchen Straße fehlen hier:

Eine feste Straße wird es dort geben,
man nennt sie den „heiligen Weg".
Kein Unreiner zieht auf ihr hin,
sie ist für andere.
Selbst Unerfahrene, die auf ihr ziehen,
gehen nicht in die Irre.
Dort wird es keinen Löwen geben,

kein Raubtier betritt diesen Weg.
Nichts von all dem ist dort zu finden.

Von Gott aus wird es also möglich gemacht, daß man aus der Zerstreuung nach Zion heimkehrt. So können die Zerstreuten zur Heimkehr aufgerufen werden. Die Mitte der ersten Strophe besteht aus einem Befehl Gottes an seine Engel oder an seine Propheten, die Menschen in der Ferne und in der Entfremdung zur Heimkehr aufzufordern:

„Stärkt die erschlafften Hände,
macht die wankenden Knie wieder fest!
Sagt den Verzagten:
Seid stark! Fürchtet euch nicht!
Seht, hier ist euer Gott!“

Es wird also vorausgesetzt, daß nicht nur der äußere Weg von der alten Gesellschaft zur neuen menschlich ungangbar ist, sondern daß die Menschen selbst auch dann, wenn ihnen der Weg gebahnt ist, von sich aus noch unfähig sind, ihn zu gehen. Die Hände sind schlaff, die Knie wanken. Doch die himmlischen Boten sollen sie wieder stärken, indem sie ihnen die eröffneten Möglichkeiten zeigen. In ihnen wird ja die Herrlichkeit Gottes als Glanz des Wunders schon sichtbar, und wenn man Gott vor sich sieht, kann man wieder zu Kräften kommen.

Die Schlaffheit der Hände und die wankenden Knie gründen letztlich darin, daß man weiß: Unsere Lage kommt aus der Sünde und Schuld. Was wir von Gott zu erwarten haben, ist nur seine Abrechnung und seine Vergeltung. Diese negative Erwartung soll von den Boten aufgehoben werden. Sie sollen sagen:

„Die Abrechnung kommt,
die göttliche Vergeltung –"

aber wie sieht sie aus? Umgekehrt wie man erwartet. Gott

„kommt, um euch zu retten!"

Wenn dies mitgeteilt wird, dann kann auch in den Menschen selbst das Wunder sich durchsetzen. Es schließen sich unmittelbar jene Sätze an, auf die Jesus in seiner Antwort an Johannes anspielt:

Da werden die Augen der Blinden geöffnet,
die Ohren der Tauben aufgetan.
Da springt wie ein Hirsch der Lahme,
die Zunge des Stummen jauchzt auf.

Daher mündet das ganze Gedicht am Ende der zweiten Strophe in ein Bild der jubelnden Heimkehrer nach Zion:

Dort schreiten die Erlösten.
Die Jahwe in die Freiheit führt, die kehren zurück.
Sie kommen voll Jubel nach Zion,
ewige Freude ruht auf ihren Häuptern.
Wonne und Freude stellen sich ein,
Kummer und Seufzen entfliehn.

Aus dem Wunder entspringt also die Freude. Wer es nicht mehr nötig hat, nur seiner eigenen Leistung zu trauen und nur auf sie zu hoffen, der kann sich beschenken lassen. Ihm gilt der alte Name dieses 3. Adventsonntags: „Gaudete", „Freuet euch!".

IV

Die Alternative ist vorhanden

Die Jungfrau wird ein Kind empfangen

Es war zu der Zeit, als Ahas König von Juda war. Damals erklärten Rezin, der König von Damaskus, und Pekach, der König von Samaria, Jerusalem den Krieg. Als man dem Haus David meldete: Die Aramäer haben sich mit dem Reich Israel verbündet!, da zitterte das Herz des Königs und das Herz seines Volkes, so wie die Bäume des Waldes im Wind zittern.

Da sagte Jahwe zu Jesaja: „Geh zur Wäscherfeldstraße hinaus, ans Ende der oberen Wasserleitung, und tritt Ahas entgegen. Sag zu ihm:

Bleib ruhig!
Hab keine Angst!
Dein Herz soll nicht verzagen wegen dieser beiden rauchenden Holzstummel da.
Sie planen zwar deine Niederlage und wollen dann jemand anders zum König machen.
Aber so spricht Jahwe, mein Herr:
Das kommt nicht zustande,
das wird nicht geschehen.
Nur: Wenn ihr nicht mir allein vertraut,
dann geht ihr unter."

Und dann ließ Jahwe Jesaja abermals zu Ahas sprechen. Er sagte zu ihm:

„Erbitte dir von Jahwe, deinem Gott, ein Zeichen.
Du magst gar ein Zeichen aus der Tiefe, dem Totenreich, fordern.
Oder eines von oben, aus der Höhe."

Ahas antwortete:

„Ich erbitte mir gar nichts.
Ich habe es nicht nötig, Jahwe zu belästigen."

Da sagte ihm Jesaja:

„Nun hört zu, ihr vom Haus David!
Tagaus, tagein seid ihr den Menschen zur Last,
und jetzt fangt ihr auch noch an, meinem Gott zur Last zu fallen.
Darum läßt mein Herr nun von sich aus euch ein Zeichen ansagen:
Seht, die Jungfrau wird ein Kind empfangen.
Sie wird einen Sohn gebären.
Sie wird ihm den Namen geben: Immanuel (Gott ist mit uns).
Und noch bevor das Kind versteht,
das Böse zu verwerfen und das Gute zu wählen,
wird das Land verödet sein,
vor dessen beiden Königen dich jetzt das Grauen gepackt hat.
Doch über dich
und dein Volk
und deine ganze Königsfamilie

wird Jahwe Tage kommen lassen,
wie es sie nicht mehr gegeben hat
seitdem das Reich deines Vaters David gespalten
wurde.“ *(Jes 7, 1–17)*

Damit sich erfüllte

Mit der Geburt Jesu, des Messias, war es so: Maria, seine Mutter, war Josef angetraut. Doch noch bevor er sie in sein Haus geführt hatte, zeigte es sich, daß sie schwanger war – aus Heiligem Geist. Josef, ihr Mann, war gesetzestreu, aber er wollte sie auch nicht bloßstellen. So wollte er sie ohne öffentliche Formalitäten wieder aus der Ehe entlassen. Während er das noch überlegte, erschien ihm im Traum ein Bote des Herrn und sagte:

„Josef, Sohn Davids, fürchte dich nicht, Maria als deine Frau zu dir zu nehmen. Denn was in ihr wächst, ist vom Heiligen Geist. Sie wird einen Sohn gebären. Ihm sollst du den Namen Jesus geben. Denn er wird sein Volk aus seinen Sünden retten. Das ganze aber ist so geschehen, damit sich erfüllte, was der Herr durch den Propheten gesagt hat: Seht, die Jungfrau wird ein Kind empfangen. Sie wird einen Sohn gebären. Man wird ihm den Namen geben: Immanuel. Das heißt übersetzt: Gott ist mit uns.“

Als Josef erwachte, tat er, was der Bote des Herrn ihm befohlen hatte. Er nahm seine Frau zu sich in sein Haus.
(Mt 1, 18–24)

Der Messias aus der Jungfrau

Die alttestamentliche Lesung wie das Evangelium des 4. Adventsonntags kreisen beide um das Thema der Geburt des Messiaskinds aus der Jungfrau. So ist es gut, damit zu beginnen.

Die Bibelwissenschaftler diskutieren darüber, ob der Text aus dem Matthäusevangelium eine Legende ist oder zumindest einen historischen Kern hat. Die systematischen Theologen müssen sich darüber Klarheit verschaffen, ob dem Dogma von der Jungfrauengeburt Genüge geschieht, wenn man es als Bildaussage nimmt, oder ob man mit einem Zeichen Gottes rechnen muß, das bis ins biologische Geschehen hineinreichte. Die wichtigere Frage jedoch, die leider zu selten gestellt wird, ist die: Was besagt denn dieses „Zeichen“? Welcher Sachverhalt spricht sich hier auf jeden Fall aus?

Wir können auf unsere Überlegungen zum 3. Adventsonntag zurückgreifen. Der von

Gott verheißene Messias und die von ihm heraufgeführte messianische Gesellschaft sind jenseits der Möglichkeiten menschlichen Machens und moralischer Leistung. Der Mensch, wie er ist, schafft das nicht. Uns ist ein Wunder verheißen.

Daher ist Jesus von Nazaret, insofern er der Messias ist, nicht das selbstverständliche Produkt einer Geschlechterfolge, nicht das Resultat einer geglückten Genkonstellation. Er ist nicht einmal – denn wir können den Gesichtspunkt ruhig ausweiten – die Frucht einer einmalig geglückten Erziehung und eines guten Elternhauses. Kein Fest der „heiligen Familie“ darf uns darüber hinwegtäuschen. Es mag an allen positiven Faktoren nicht gefehlt haben. Aber wenn man sie zusammenrechnet, kommt immer noch nicht dieser Jesus heraus. Er ist unter uns völlig einmalig von Gott her da. Das meint der Satz von seiner jungfräulichen Empfängnis. Er ist ein Mensch wie wir und ist doch zugleich ganz neu und ganz von woanders her.

Dabei ist noch folgendes zu beachten. Seine Mutter steht für sein ganzes Volk, dessen letzte Spitze auf ihn hin sie darstellt. Jesus ist der Sohn eines Volks, das Gott schon über ein Jahrtausend lang auf seine messianische Gesellschaft hin erzogen hat. Aber als der Messias dann kam, war er mehr als die Summe der Fortschritte dieser tausend Jahre. Er war noch einmal etwas Neues, Unableitbares. So hat Israel den Anfang der verheißenen definitiven Alternative Gottes als „Jungfrau" geboren: Nicht aus einem eigenen gesellschaftlichen Zeugungsmechanismus, sondern noch einmal ganz neu von Gottes Heiligem Geist her beschenkt.

Die Aussage „geboren aus der Jungfrau" gilt außerdem nicht nur vom Messias selbst, sondern von allen, die an der von ihm her entstehenden messianischen Gesellschaft Anteil haben. Was sich in dieser Gesellschaft abspielt, ist in jedem Augenblick von neuem unableitbar aus allem, was voranging. Das wirkliche Vertrauen der Menschen aufeinander ist in jedem Augenblick ein neues Wunder. Jeder, der glaubt (= vertraut), ist – wie es im Johannesevangelium heißt – nicht aus dem Blut, nicht aus dem Willen des Fleisches, nicht aus dem Willen des Mannes, sondern aus Gott geboren.

Wo Menschen ihr gesellschaftliches Sein als Wunder erleben, wo sie also die Erfahrung machen, daß sie auf eine Weise miteinander umgehen können, die eigentlich aus ihnen selbst und allem Berechenbaren unableitbar ist, da erfahren sie zugleich, daß ihre eigene Existenz aus einer jungfräulichen Geburt stammt. Wem das aufgeht, der versteht von der eigenen Wundererfahrung her den Sinn dieses Satzes und Zeichens: der Messias sei aus einer Jungfrau geboren.

Was Weihnachten behauptet

Die bestürzende Botschaft des Weihnachtsfests lautet: Das Wunder des Messias und seiner alternativen Gesellschaft ist nicht nur verheißen, es ist inzwischen schon geschichtlich gekommen, für uns ist es da. Nichts Geringeres wird gesagt. Da dies gegen den Augenschein und gegen die tiefen Gewißheiten von uns allen ist, haben wir Schwierigkeiten, das Fest Weihnachten zu feiern. Wir haben sie selbst, wenn wir alles verdrängen.

Eigentlich glauben wir das ja nicht, was an diesem Fest gefeiert werden sollte. Wir glauben nicht, daß seit Jesus die messianische Alternative existiert und daß sie, wenn wir uns nur von ihr ergreifen ließen, die ganze Welt verwandeln könnte.

Deshalb weichen wir aus und geben dem

Weihnachtsfest neue Inhalte. Es wird zum Fest der Familie, zum Fest des gegenseitigen Sichbeschenkens, des guten Essens. Weil es fast mit dem Jahreswechsel verschmilzt, wird es zum Fest der Glückwünsche. Weil der Winter kalt ist, wird es zum Fest der Wärme, der Rührung für die Armen oder gar neuerdings für die dritte Welt. Die Kirche fördert das alles sogar durch ihre Sammlungen und durch neueingerichtete thematische Festtage in der Zeit nach Weihnachten wie das Fest der heiligen Familie oder den Tag des Friedens. Aber selbst mit diesen Umdeutungen entfliehen wir der Botschaft des Weihnachtsfestes nicht. Sie haben alle etwas mit Güte und mit Glück zu tun. Wie könnten sie auch anders? Das sind aber gefährliche Erinnerungsrestbestände an das, was mit der verheißenen neuen Gesellschaft gemeint war.

So sollten wir uns lieber wieder klar an der alten Verheißung orientieren. An den alten Texten sollten wir ablesen, auf welche Weise die Alternative Gottes nicht zu erwarten ist und auf welche Weise sie gegen allen Augenschein dennoch da sein kann. Das bringt uns zu dem Jesajatext der 1. Lesung des 4. Adventsonntags zurück.

Begegnung an der Wäscherfeldstraße

Die liturgisch vorgesehene Lesung ist nur ein schmaler Ausschnitt. Wenn wir den breiteren Textzusammenhang ins Auge fassen, erfahren wir etwas über die geschichtliche Situation, in der das Jesajawort über die Geburt des Kindes aus der Jungfrau ursprünglich gesprochen wurde.

Im Jahre 735 v. Chr. war die Existenz des Staates Juda, zumindest jedoch die weitere Herrschaft der Dynastie Davids über diesen Staat, ernsthaft in Frage gestellt. Die Nachbarstaaten Aram und Israel haben sich verbündet. Ihre Armeen sind gegen Juda aufmarschiert. Sie sind überlegen. Ahas, der König von Juda, hat die Lage genau durchgerechnet. Ganz ungeschoren wird er aus der Situation nicht herauskommen, er mag die Dinge wenden, wie er will. Aber sein Kalkül hat ihm gezeigt, wie er unter den gegebenen Umständen wohl noch am besten durchkommt.

Jenseits der Staaten, die ihn angreifen, liegt das mächtige Assyrerreich. Es gilt, sich mit Assur zu verbinden. Dem werden die Gegner dann nicht gewachsen sein. Ahas kennt allerdings die Bedingung, die er dafür zu erfüllen hat. Assur wird nur zum militärischen Aufmarsch bereit sein, wenn Juda zumindest locker Assurs Oberhoheit über sich anerkennt. Der Preis ist also die nationale Unabhängigkeit. Aber ist das nicht ein geringerer Preis, als militärisch überrollt zu werden und am Ende ausgelöscht zu sein?

Bald werden Jerusalemer Diplomaten die Stadt verlassen, um mit den Assyrern zu verhandeln. Jetzt besichtigt Ahas in Jerusalem die Stadtmauern. Sie müssen ausgebessert werden, um die Monate der Belagerung zu überstehen, bis der assyrische Koloß seine Kriegsmaschine in Bewegung gesetzt haben wird.

Jesaja tritt Ahas nun an der Wäscherfeldstraße entgegen und sagt ihm, seine ganze so rationale und genaue Berechnung sei falsch. Eine ihrer Voraussetzungen sei nämlich falsch. Die beiden Feinde seien gar nicht in der Lage, ihn zu besiegen.

Jesaja gibt dem König dafür keine nachprüfbaren Gründe an. Er sagt ihm seine Botschaft im Auftrag Gottes. Er fordert von dem Realpolitiker, daß dieser auf Gottes nicht nachprüfbare Zusage vertraut und sein Handeln entsprechend einrichtet. Das heißt: Er soll nichts tun.

Vermutlich hat der Urenkel Davids gelacht

und den Propheten stehen lassen. In Dingen, die die Realität betreffen, ist er kompetent, nicht dieser Gottesfantast.

Doch Jesaja kommt wieder. Jetzt bietet er ein Zeichen an. Zeichen – das meint: sich vielleicht ein Stück weit auf Gottes Angebot einlassen; es vielleicht einmal mit einem Anfang versuchen; dabei erfahren, daß das Wasser trägt und daß man sich weiter hinaus auf das Wasser des reinen Vertrauens wagen kann.

Aber dieser Davidide weiß, was es heißt, dem Gott Israels auch nur den kleinen Finger zu geben. Und er traut nun einmal der ganzen Sache nicht. So sagt er:

„Ich erbitte mir gar nichts.
Ich habe es nicht nötig, Jahwe zu belästigen."

Jetzt, in der dritten Phase der Begegnung, kündet Jesaja dem längst nicht mehr gesprächsbereiten König dennoch ein Zeichen Jahwes an. Dieses „Zeichen" ist also jetzt etwas, das Gott in der Geschichte wirken will, obwohl die Menschen, denen er die Sorge für sein Volk Israel anvertraut hat, die Geschichte mit ihm aufgekündigt haben. Es soll zeigen, was möglich gewesen wäre, oder sogar, was dennoch möglich sein wird. Gottes Wille zugunsten der Menschen gegen deren eigenes Nein. Und hier fällt jetzt das Wort von der Jungfrau, die das Immanuel-Kind gebiert.

Dies Wort ist wahrscheinlich von Anfang an mehrschichtig gewesen. Man konnte es oberflächlicher und tiefer verstehen.

Ahas hatte schon genug verstanden, wenn er es folgendermaßen aufnahm: Wenn eine Frau, die jetzt, in diesen Tagen, ein Kind empfängt, es in neun Monaten zur Welt bringen wird, wird sich am politisch-militärischen Horizont schon abzeichnen, daß Gott Juda den beiden Nachbarstaaten nicht zum Opfer fallen läßt. Die Frau wird dem Kind deshalb den Namen geben können: Immanuel, Gott ist mit uns. Und wenige Jahre später, noch ehe das Kind das Alter der Vernunft erreicht hat, werden die beiden feindlichen Staaten untergegangen sein. Doch im Zusammenhang damit wird auch Juda durch ein bitteres Schicksal hindurchmüssen. Die Zeiten werden so schrecklich sein wie die Zeiten damals, als das Davidreich sich in zwei Staaten teilte und die Einheit des Gottesvolkes verlorenging.

Damit hat Jesaja in der Tat Recht behalten. Assyrien hat die beiden Nachbarstaaten innerhalb weniger Jahre vernichtet. Und unter Hiskija, dem Sohn und Nachfolger des Ahas, blieb auch von Juda kaum mehr übrig als das Stadtgebiet von Jerusalem.

Schon auf dieser Ebene des Verständnisses hat uns der Text viel zu sagen. Gott hatte zu der auf der Ebene der Staaten durchaus vernünftigen, letztlich aber doch nur ins Elend führenden Realpolitik des Staatsmanns eine Alternative angeboten. Sie wäre ein Wunder gewesen, etwas aus den vorhandenen und berechenbaren Fakten nicht Ableitbares. Der Staatsmann war vor die Frage gestellt, ob er seine regionale Vernunft preisgeben und auf die Möglichkeit des Wunders setzen wollte. Er hat es nicht getan. Die Vernunft zeugte das Elend. Die Alternative kam nicht zustande.

Die „Jungfrau Israel“ und „Israels Rest“

Der letzte Satz ist nicht ganz richtig. Die Alternative kam doch zustande, wenn auch auf ganz andere Weise.

Jesaja hätte seine Zeitangaben auch machen können, ohne sie in das Bild der Frau hinein zu verschlüsseln, die ein Kind austrägt, und dann in die Zeit, die dieses Kind braucht, bis es zum rechten Gebrauch der Vernunft kommt. Das Bild von der Frau und ihrem Kind „Gott ist mit uns“ hat daher auch noch einmal sein eigenes Gewicht, und wir müssen nach seiner Bedeutung fragen.

Da ist es dann nicht unwichtig, daß die Frau durch ein Wort bezeichnet wird, das auch eine „Jungfrau“ bezeichnen kann. Die noch vorchristliche alte griechische Übersetzung hat es zum Beispiel entsprechend übersetzt.

Das Abrollen der Geschichte – zuerst die Vernichtung der beiden feindlichen Reiche, dann auch das Leid, das über Juda und die Davidsdynastie kommt – wird innerhalb dieser Geschichte gewissermaßen beobachtet und gedeutet werden können von einer Jungfrau und ihrem Kind. Sie handeln nicht, aber sie erleben und deuten. Wer sind die Jungfrau und ihr Kind?

Im Zusammenhang der alttestamentlichen Zionstheologie kann die „Jungfrau“ nur das Gottesvolk Israel sein. Von ihm gilt, daß es zur gleichen Zeit, wo das Unheil sich neben und in Israel selbst voranfrißt, ohne Zutun von irgend etwas, was menschlicherseits als zukunftschaffend gelten könnte, etwas Neues austrägt und gebiert, und ihm muß man den Namen geben

„Gott ist mit uns". Das Neue kann nichts anderes sein als die von Gott eigentlich von Israel gewollte Gesellschaft und zugleich die messianische Königsgestalt, die diese Gesellschaft heraufführt. Sie wird kommen, sie kommt bald, schon während das von Menschen in Gang gesetzte Unheil noch abrollt. Aber sie wird aus einer Jungfrau geboren. Die menschliche Realpolitik des regierenden Königs hat keinerlei Anteil an ihrer Heraufführung. Gott wirkt das Wunder trotz des Königs. Er wirkt es neben dem Staat und an ihm vorbei.

Wir wissen aus den dann folgenden Kapiteln des Jesajabuchs genau, wie der Prophet selbst sein Wort verstand. Jesaja, seine Familie und die paar Jünger, die ihn umgaben und auf sein Wort vertrauten – das war das „Zeichen", das Gott inmitten von Israel setzte. Gott hielt es jetzt in der Zeit der Dunkelheit schon als Anfang einer leuchtenderen Zukunft durch.

Seit Jesaja gibt es das Wort vom „Rest" Israels. Da Gottes Volk als ganzes das angebotene Wunder nicht annehmen wollte, suchte Gott sich aus dem Volk einen glaubenden „Rest" aus. Ihn rettet er aus dem alles erfassenden Untergang. In ihm läßt er inmitten des weiter ungläubig und falsch durch die Geschichte torkelnden

Volks seine Alternative weiterglimmen. In ihm bleibt die Hoffnung auf das große Feuer, das sich aus dem glimmenden Rest einst entfachen wird, lebendig.

Der Text aus dem Matthäusevangelium behauptet, mit der Geburt des Juden und Davididen Jesus von Nazaret sei das Wort von der Geburt des Immanuel-Kindes aus der Jungfrau voll in Erfüllung gegangen. Jetzt sei definitiv Gottes Alternative in die Welt gekommen.

Wenn wir uns nicht etwas vormachen wollen, dann kann dies nicht heißen, daß seitdem die ganze Welt verändert ist. Matthäus schildert dann selbst in der unmittelbar anschließenden Erzählung vom Besuch der drei Weisen aus dem Osten, wie angesichts der Geburt der Messias sogar das ganz große Morden an Unschuldigen ausgelöst wird: der Kindermord von Betlehem.

Unterschiede von Reich und Arm, menschliche Selbstsucht und Ausbeutung, Rivalität, Macht, Gewalt, Bluttat bestimmen weiterhin das Bild der Geschichte. Die Staaten suchen weiterhin den Frieden auf den klassischen Wegen der Politik, durch Androhung des stärkeren Gegenschlags. Wenn nach der Geburt des Messias Gottes Verheißung einer alternativen Lebensmöglichkeit dennoch da sein soll, dann kann sie es nur sein als etwas, das sich mitten in der alten und weiterexistierenden Weltgesellschaft als etwas anderes breitmacht und sich gegen sie durchhält. Es muß so etwas geben wie eine Fortsetzung jener jesajanischen Koexistenz von abgefallenem Israel und mitten darin weiterlebendem „Zeichen" des heiligen Rests.

Das Krippenkind gegen den Friedenskaiser

So ist es in der Tat gemeint. Das Weihnachtsevangelium selbst stellt es so dar.

Auch diesen Text mißverstehen wir meist und lesen ihn idyllisch oder kinderlieb. In Wirklichkeit gibt sofort der erste Satz das Thema an:

> *Kaiser Augustus erließ den Befehl, alle Bewohner des Reiches in Steuerlisten einzutragen.*

Es handelt sich also um den Augenblick, wo der große römische Reichsbauer und Ausbeuter des Erdkreises, der sich von seinen Dichtern als den göttlichen Friedensbringer feiern ließ, die Administration der Menschheit vollendet, indem er alle Untergebenen und ihr Besitztum in Listen aufnehmen läßt. Ist es deutlich, vor welchem gesellschaftlichen Anspruch die Weihnachtsgeschichte nun als Gegenaussage erzählt wird?

Genau die augusteische Reichsapotheose spült ein armes Ehepaar, und zwar deshalb, weil es zu den letzten Wurzelstümpfen des längst in der Geschichte gefällten und verfaulten Hauses David gehört, nach Betlehem, ja wegen der Überfüllung der Herberge in einen Stall. Dort gebiert die Frau das Messiaskind. Kunde davon erhalten Randexistenzen der Gesellschaft, Hirten, die ihre Schafe hüten. Doch ihnen, nicht Augustus und seinen Censusbeamten, erklingt das Wort von der Freude, von der Rettung und vom Frieden unter den Menschen. Der Friede wird nicht allen zugesagt, sondern denen, zu denen Gott sich mit Wohlgefallen wendet. Von ihnen wird auch kein besonderes Handeln erwartet, etwa daß sie jetzt als Partisanen in die Wüste gehen. Sie müssen nur glauben und zum Zeichen, das ihnen genannt wurde, hingehen. Dort müssen sie erzählen und so den Beteiligten überhaupt erst den Sinn des Zeichens deuten. Hier handelt Gott, und er verlangt von den Menschen nur den Glauben. Mitten in dem sich selbst konstruierenden Weltreich beginnt jene nach völlig anderen Gesetzen konstruierte Gesellschaft, auf die Israel so lange gewartet hat.

So ist die Situation noch heute. Die neue Gesellschaft ist vorhanden. Sie heißt Kirche, besser: Gemeinde. Denn konkret existiert Kirche zunächst immer nur an einem bestimmten Ort als eine bestimmte Gemeinde. Es soll auch nicht gesagt sein, daß alles, was sich Gemeinde, ja was sich Kirche nennt, dadurch allein schon die neue Gesellschaft ist. In der Kirche selbst gibt es noch einmal die Scheidung zwischen Israel und seinem heiligen Rest, und es ist nicht einfach, die Scheidungslinien zu ziehen. Doch wird man sagen können, daß immer dann, wenn die Kirche anfängt, Strukturen der Weltgesellschaft zu übernehmen oder gar mit dem Staat anzubändeln, die strahlende Jungfrau sich in eine fette und aufgeschwemmte Frau verwandelt und ihre Schönheit verliert. Doch überall, wo sie sich auf ihren Ursprung besinnt, ist plötzlich wieder unerwartet und unableitbar der Glanz der göttlichen Alternative in der Welt. Solches Wiedererblühen des Ursprungs wird stets an einzelnen Punkten, in konkreten Gemeinden geschehen. Doch sie können der Anfang der Reform der ganzen Kirche sein. Und nur konkrete Gemeinden können das sein.

Denn auch die Reform der Kirche gehorcht dem Prinzip von dem Berg mit dem Hause Gottes, der über alle anderen Berge emporragt. Zu ihm kann man sich auch von anderen Orten der Kirche aus auf den Weg machen.

Wir müssen uns also nichts vorlügen. Wir müssen nicht apologetisch aufrechterhalten, die Alternative Gottes in unserer Welt sei so deutlich da, daß die Geschichte eigentlich längst reif wäre für die Wallfahrt der Völker zur Stadt auf dem Berg. Andererseits wären wir historische Fälscher, wenn wir behaupteten, seit Jesus sei nie nach der Bergpredigt gelebt worden und es habe seitdem noch nie das Zeichen Gottes unter den Menschen gegeben, das die göttliche Herrlichkeit widerstrahlte. Es war immer, war immer wieder da, und es ist auch heute da. Wenn wir behaupten, wir könnten es nirgends entdekken, dann müssen wir uns vielleicht fragen lassen, ob wir es nicht sogar schon in unserer eigenen Stadt gesehen haben, aber die Augen davor schlossen, weil wir insgeheim wußten, daß ein voller Blick für unser Leben Konsequenzen hätte.

Wir dürfen es der Weihnachtsbotschaft einfach abnehmen: In Jesus von Nazaret hat Gott gehandelt, und seitdem ist seine Alternative so in der Welt, daß sie gelebt werden kann und auch immer gelebt wird. Ihr Glanz kann auch wie über Nacht überall auf der Erde von neuem entstehen – überall da, wo Eucharistie gefeiert wird. Wenn das geschähe, stünde es besser um unsere Welt.

Die Eucharistie ist der uns gegebene, bleibende Anfang der messianischen Alternative. In ihr wird Anteil geboten an jenem gesellschaftlichen Leib Christi, den, wenn er sich nur in uns entfalten kann, nichts Geschaffenes an Glanz, Herrlichkeit und Glück übertreffen könnte.

Da der Sohn der Jungfrau geboren ist, ist Gottes Alternative da.

Norbert Lohfink

Hinter den Dingen ein Gott

„Einladend in der Sprache, konkret im Inhalt, findet der Leser Anleitung, Gott zu suchen und in allen Dingen zu finden. Mit Hilfe alltäglicher Geschichten und mit Berichten aus unserer Gegenwart gelingt es dem Autor, neues Licht auf die Texte der Bibel zu werfen. Freilich, wenn sich Gott auch immer wieder neu zeigt, so bleibt er doch der Unverfügbare und Geheimnisvolle."

Deutsche Tagespost, Würzburg

„Gott in alltäglichen Erlebnissen begegnen – so könnte eine Kurzformel christlicher Spiritualität heute lauten. Nichts aber erscheint geeigneter, um für das Erfahren Gottes in unserer Welt zu sensibilisieren, als die biblische Botschaft. Es sind vorwiegend alttestamentliche Texte, von denen N. Lohfink schlichteste profane Begebenheiten in gekonnt origineller Darstellung auf Gott hin durchschaubar macht."

Theol.-prakt. Quartalsschrift, Linz

3. Aufl., 118 Seiten, kart. ISBN 3-451-18226-2

Verlag Herder Freiburg · Basel · Wien

Norbert Lohfink

Unsere großen Wörter

„Von wenigen theologischen Büchern kann man wie von diesem sagen, daß es für Theologen wie Laien gleich faszinierend ist. Alle hier vereinigten Vorträge wirken wahrhaft befreiend, weil sie nicht nur unsere verbreitete Unkenntnis über das AT überwinden, sondern uns bei unseren großen Schlagworten aufschrecken.“ *Herder-Korrespondenz*

„Das Buch liest sich – bei aller wissenschaftlichen Grundlegung – angenehm, ja mitreißend. Seine nüchterne Sprache ist frei von Effekthascherei und Pathos. Der Leser spürt, daß der Autor ihn mit einer Botschaft konfrontieren will, die Entscheidungshilfen für bedrängende Probleme unserer Zeit bietet, aber auch zum Nachdenken über manchen modischen Trend anregt. Daß die Bibel kein Geschichtsbuch, sondern Wegweisung von bleibender Aktualität ist, wird selten schöner und überzeugender gezeigt als hier.“

Die Welt der Bücher

2. Aufl., 254 Seiten, geb., ISBN 3-451-17976-8

Verlag Herder Freiburg · Basel · Wien